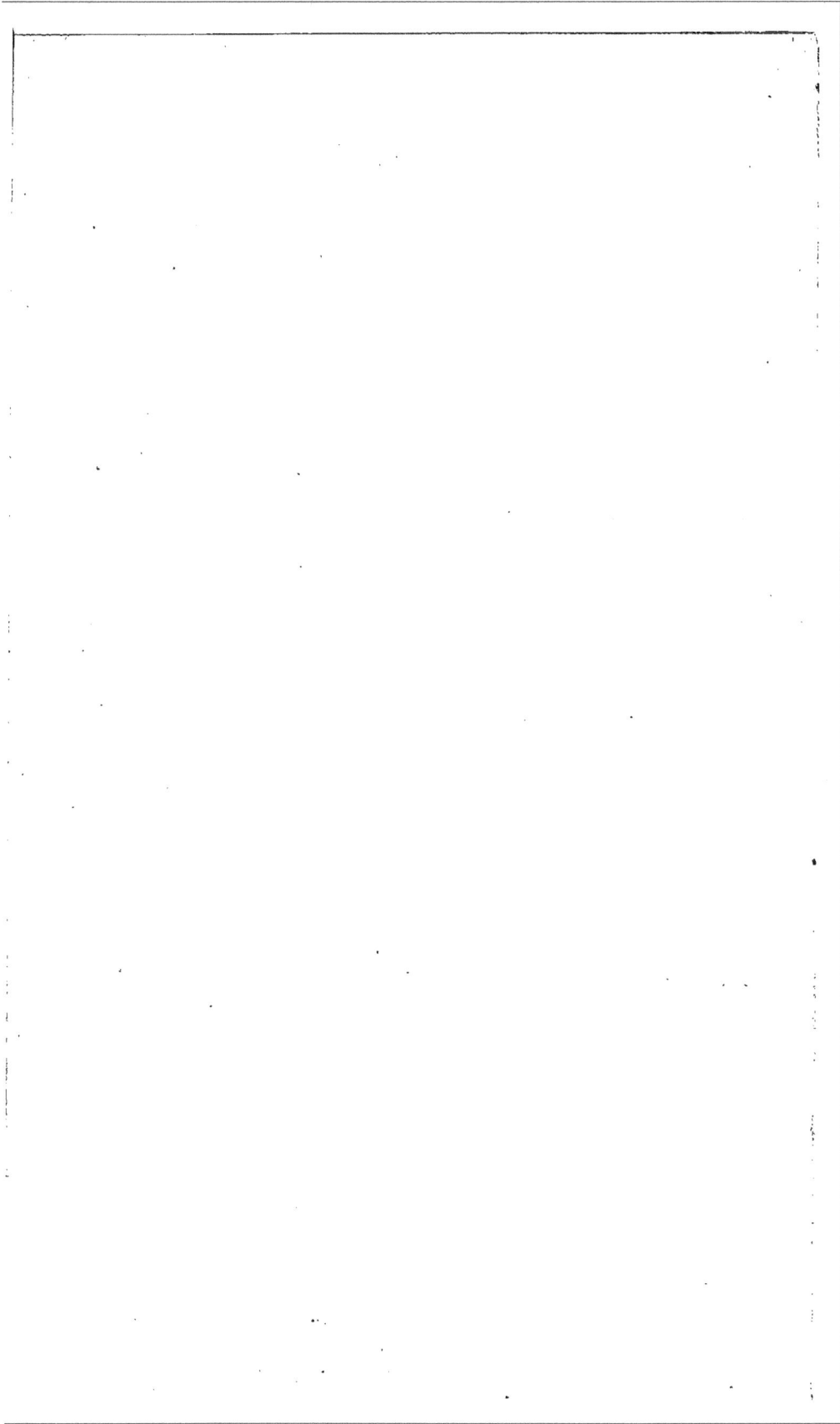

PÈLERINAGE

DE

NOTRE-DAME D'ARCACHON

(GIRONDE)

Par X. MOULS

Curé d'Arcachon, chevalier de la Légion d'Honneur,
membre de plusieurs sociétés savantes.

TROISIÈME ÉDITION

Vente au profit du Pèlerinage.

BORDEAUX

IMPRIMERIE GÉNÉRALE DE Mme CRUGY,
rue et hôtel Saint-Siméon, 16.

1862

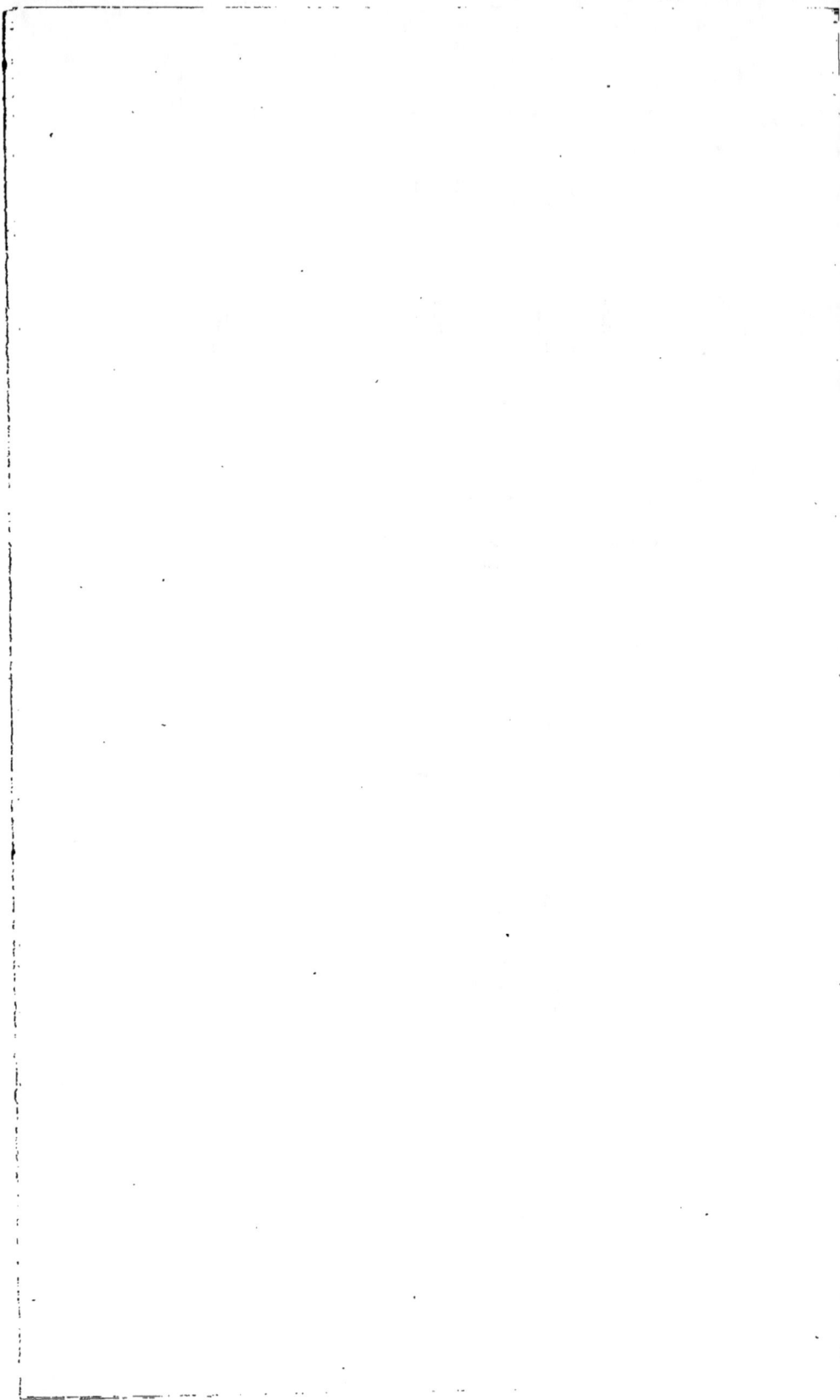

PÈLERINAGE

NOTRE-DAME D'ARCACHON

(GIRONDE)

⸺⸺◦◦◦⸺⸺

CHAPITRE PREMIER.

Thomas Illyricus. — Première chapelle.

Du commencement du XVI* siècle à 1624.

⸺

Le pèlerinage de Notre-Dame-d'Arcachon, si connu de
nos jours en France et à l'étranger, grâce principalement
à son site incomparable, qui fait de la ville d'Arcachon
tout à la fois une station importante de bains de mer et un
séjour délicieux pour les poitrines délicates, date incontestablement des premières années du seizième siècle.

A cette époque, un homme, doué d'une âme ardente et
toute de feu, remplissait l'Italie du bruit de ses prédications : c'était un religieux cordelier, Dalmate d'origine,
comme le prouve la note placée à la fin de ce chapitre ; il
s'appelait Thomas Illyricus.

Il a conquis l'Italie à Jésus-Christ ; il a soif de nouveaux
triomphes ; il paraît dans le midi de la France ; et, de vic-

1

toire en victoire, il arrive dans la capitale de l'Aquitaine, à Bordeaux.

On voyait alors, à l'entrée du couvent de la Grande-Observance (1), une large et belle place. Le nouveau Chrysostôme y convoque son auditoire. Rien ne résiste aux torrents de son éloquence.

Mais, tout à coup, une préoccupation grave a traversé l'esprit d'Illyricus : il a pensé qu'à la suite de tant de triomphes, quelque chose de trop humain pourrait bien se glisser dans son cœur. Comme saint Paul, après avoir sauvé ses frères, il craint d'être anathème.

C'en est fait : il quittera le bruit du monde et se plongera dans la solitude. Il disparaît de Bordeaux, et se dirige vers l'Occident.

Après deux jours de marche pénible dans le désert, Illyricus s'arrête, saisi d'admiration à la vue du spectacle qui se déroule devant lui : à ses pieds, le Bassin d'Arcachon, baie immense et paisible de vingt lieues de circonférence ; à sa gauche, l'Océan dans tout l'appareil de sa majesté ; à sa droite, une autre mer, plaine infinie, les landes de Gascogne, avec leur aride nudité ; autour de lui, les montagnes de sable vomies par les flots et devenant à chaque instant le jouet des vents ; et, pour compléter ce merveilleux tableau, entre deux rangs d'écueils blanchis par l'écume, un étroit passage, servant de trait d'union entre l'Océan et le Bassin, qui parfois, calme et tranquille, s'agite tout à coup et oppose une barrière infranchissable aux navires qui travaillent à regagner le port.

_____

(1) Un des plus anciens captaux de Buch, *Pierre de Bordeaux*, seigneur de Puypaulin et de Castelnau en Médoc, avait fondé en 1247, dans la ville de Bordeaux, dont il portait le nom, un *couvent de Cordeliers de la Grande-Observance de saint François-d'Assise.*

Une solitude profonde habite dans ces lieux; elle n'est troublée, de temps en temps, que par les pas de quelques pauvres marins, dont les cabanes de chaume, dispersées çà et là, annoncent que la baie d'Arcachon, comme le lac de Génésareth, est fréquentée par des pêcheurs.

Où trouver un site plus propre à élever l'âme dans les régions de l'infini, à la méditation des années éternelles? Ce désert sera désormais la patrie d'Illyricus. Il l'adopte, s'y livre à la prière, à l'étude, et nous laisse l'ouvrage intitulé : *Qualités d'un vrai Prélat.*

Un jour que, placé sur une hauteur, en face du détroit orageux, le pieux solitaire admirait l'horreur d'une tempête, deux navires, dont les vents impétueux, secondés par les flots, ont brisé les mâts et déchiré les voiles, apparaissent au milieu des écueils. Le naufrage est inévitable. L'homme de Dieu tombe à genoux, imprime sur le sable le signe de la Rédemption, invoque l'Étoile des mers; *et, chose non jamais vue,* dit la chronique, la tempête cesse, le calme renaît, les deux esquifs entrent paisiblement dans le port.

Peu de jours après, le frère Thomas recueillait, presque enfouie dans le sable de la plage, et toute mutilée, une petite statue de la Vierge en albâtre, d'environ 50 centimètres de hauteur. La Mère de Dieu était représentée assise, enveloppée dans un gracieux manteau oriental. Elle tenait sur son bras droit l'Enfant Jésus. La forme plate de la statue, ses allures dégagées, ses yeux expressifs, les divers détails de son exécution, accusent le treizième siècle.

. A la vue de cette image de l'Étoile des mers, le pieux ermite comprend les desseins de la Providence : sur les bords du golfe de Gascogne, à un kilomètre environ au sud-ouest de la chapelle actuelle, au sommet des collines dominant l'Océan et la baie, en face du détroit orageux, il bâtit un modeste oratoire de bois, dans lequel il dépose la statue vénérée, et fonde le pèlerinage de Notre-Dame d'Arcachon.

Ces détails sont extraits des deux ouvrages suivants :

Dans un livre intitulé : *Vie des Saints du diocèse de Bordeaux,* édition de 1721, à la page 174, nous lisons :

« VIE DU B. THOMAS ILLYRICUS , *13 mai.*

» Le bienheureux Thomas Illyricus, de l'Ordre de Saint-
» François. (*Martyrologe des Franciscains*, p. 184.)
  » Il vivait au commencement du seizième siècle.
  » Tandis qu'il prêchait à Bordeaux, il prédit les maux
» dont la France devait être affligée par les hérésies de
» Calvin et de Luther, longtemps avant l'apostasie de ces
» malheureux hérésiarques. Son zèle à travailler à la con-
» version des peuples et à la réforme des mœurs fut ac-
» compagné du don des miracles. Il était toujours revêtu
» d'un affreux cilice, et ses autres pénitences ordinaires
» paraissent extrêmes.
  » Son amour pour la solitude lui fit quitter le séjour de
» Bordeaux, et préférer celui de la *Teste de Buch*, dans le
» Médoc, où il se bâtit une petite chapelle de bois, en
» l'honneur de la Sainte-Vierge, au milieu des forêts af-
» freuses et sablonneuses des *pinadas* qui règnent le long
» des côtes de la mer. Il y mourut saintement, plein de
» vertus et de mérites. »

Voici le récit de *Florimond de Rémond,* conseiller du
roi au Parlement de Bordeaux en 1570 (1) :

« A la suite de Jérôme Savonarole, sur l'arrivée de Luther, un bon Cordelier de notre France allait de ville en

(1) *Naissance des Hérésies*, liv. 1er, p. 2.

ville, de village en village, prêchant aux peuples que le ciel
courroucé apprêtait ses foudres pour les accabler, et ses
fouets pour les châtier. Il est raisonnable que je m'arrête
un peu sur cet homme, puisque personne n'en a écrit, et
qu'il a été la Cassandre de nos maux.

» Ce religieux, qu'on appelait le saint homme, était
nommé frère Thomas, personnage d'une bonne et sainte
vie qui courait le monde prêchant la pénitence et annon-
çant le courroux prochain de Dieu. Quand il arrivait en
quelque ville, toutes sortes de jeux, débauches et dissolu-
tions en étaient bannies; tout ne respirait que piété et dévotion; le peuple accourait de dix lieues à la ronde pour
voir ce saint homme, de sorte qu'il fallait ouvrir les places
publiques pour ses sermons; car les églises les plus grandes
étaient trop petites pour recevoir l'infinie multitude qui
venait l'ouïr. La dernière fois qu'il monta en chaire dans
Bordeaux fut en cette grande place et clôture qui est à
l'entrée du couvent de la Grande-Observance, où il dit le
dernier adieu à la Guyenne fondant en pleurs : « Belle et
» délicieuse province, disait-il, le Paradis du monde, tu
» verseras de nouvelles rivières de larmes. Tu verras les
» feux ondoyer parmi tes riches campagnes, et ces belles
» maisons, marques de la piété et dévotion de tes pères,
» données en proie aux ennemis qui naîtront dedans toi.
» Tu verras les exécuteurs et les bourreaux de la divine
» justice qui chasseront à coups de fouet les vendeurs du
» temple; les loups entreront dedans le bercail, déchire-
» ront et brebis et pasteurs. Bordeaux, tu verras de tes
» murs les églises voisines embrasées. A peine échapperont
» celles qui sont dans tes murailles à la rage et à la fureur
» des ennemis de l'Église de Dieu, punition très-juste et
» de l'indévotion du peuple, et de la fainéantise des offi-
» ciers. Mais tout ainsi que les corps saints qui reposent à

» Tholose (1) sont les protecteurs et, s'il se pouvait dire,
» les dieux tutélaires de cette ville-là ; aussi saint Martial,
» votre apôtre, ô Bordelais ! sera la protection de la vôtre. »

» On pensait que ce ne fussent que menaces jetées en
l'air pour épouvanter le monde ; car qui eût pu s'imaginer
alors que ce que les premiers chrétiens avaient bâti avec
tant de peine et de dépense dût, avec tant de rage et de
furie, être démoli par ces derniers ! Il me souvient avoir
ouï de bonnes anciennes femmes pleurant lorsque, l'an 1570,
Romegous vint à notre vue mettre le feu à l'église de Lor-
mont. « Voilà, disaient-elles, la prophétie du saint homme
» frère Thomas accomplie. » Il y a encore plusieurs personnes vivantes qui l'ont ouï dire à leurs pères, lesquelles
peuvent témoigner que cet homme fut le prophète de tous
nos malheurs, parlant de ce qui est arrivé cinquante ans
après comme d'une chose déjà avenue.

» Les malheurs n'arrivent pas pour être prophétisés ; ils
sont au contraire prophétisés parce qu'ils doivent arriver,
s'il n'y est pourvu par le retranchement de la cause, ainsi
que les saintes lettres nous apprennent être arrivé en la
personne d'Ézéchias et des Ninivites.

» Les écrits que j'ai recouvrés de lui (car la fortune les a
fournis à ma curiosité) montrent avec quelle liberté il par-
lait des corruptions qui étaient lors parmi tous les états de
la chrétienté et ordres de l'Église qui ont justement attiré
le courroux et l'ire du ciel en plusieurs lieux.

» Allant ainsi par le monde, chargé d'une haire, monté
sur un pauvre âne, vivant avec toute l'austérité qu'il est
possible, il aborda enfin notre Guyenne, et, cherchant les
lieux les plus solitaires, il fut visiter la côte de la mer vers
le captalat de Buch. Étant en un lieu qu'on appelle Ar-

(1) Toulouse.

caixon (1) (ainsi nommé parce que c'est le milieu de l'arc qui se fait par les deux pointes de Oyssant et du cap du Finistère), il vit la mer enflée qui roulait des foudres. Aussi est-ce une des côtes de l'Océan où les dangers courent trois lieues à la mer ; de sorte que, quand les navires se trouvent affalés en grand temps de cette côte de non vue, ils sont perdus sans rémission quelconque, parce que le frein brise partout. Sur l'heure, voyant deux navires portés des courants sur les dangers, ce bonhomme se jette à genoux, et, comme saint Jérôme fit autrefois, imprime le signe de la croix sur le sable, fait son oraison à Dieu pour le salut de ceux qui étaient battus des vents et heurtés des sables, lequel, exauçant ses prières, fit calmer la mer en un instant, à la vue d'un bon nombre de personnes ; de sorte que ces vaisseaux (chose non jamais vue) eurent le loisir de se parer du péril et mettre au large. Au même temps, soit que ce fussent les restes du bris de quelque naufrage, ou peut-être par miracle, la mer jeta sur le bord une image de la Vierge, laquelle ce bonhomme releva, et, la portant sur la pente qui tombe en la mer, fit bâtir une chapelle qui se voit encore aujourd'hui dans les montagnes des pins, lieu, pour son assiette, affreux et sauvage au possible, où il séjourna quelque temps. Il voulut qu'elle fût de bois, pour être facilement remuée de lieu à autre, car les orages et les vents remuent souvent ces sables, aplanissent les montagnes et reculent au plus haut les vallées. Depuis toujours ce lieu a été tenu en grande vénération, où les mariniers vont faire leurs dévotions, lorsqu'ils veulent monter sur mer, sans qu'il eût senti la main impie des pirates et corsaires qui courent parfois attérer cette côte, si ce n'est depuis quelques années qu'un navire anglais y prit terre à

(1) Arcachon.

dessein, pour faire butin de la riche pauvreté de cette dévote maison. Mais voyez le jugement de Dieu et comme la peine suivit bientôt le péché. Ceux qui avaient fait descente, rentrés en leur bord, chargés de quelques ornements d'église, n'eurent plutôt pris le large, qu'ayant donné contre les écueils, quoique ce fût en temps calme et serein, leur vaisseau prit eau, cala à fond, à la vue du lieu saint, témoin de leur forfait. Je laisse plusieurs autres choses que j'ai ouï raconter de ce frère Thomas, comme le feu s'éprit miraculeusement aux pinadas vers Lamarque en Médoc; le mal de saint Jean qui saisit un *quidam* qui se moquait de ce saint homme, le reprenant de son péché. En ces choses ma créance est toujours lente et tardive, et ne veux sans bonne caution en laisser la mémoire à la postérité. »

Le bienheureux Illyricus est l'auteur de plusieurs ouvrages qui se trouvent dans la Bibliothèque de la ville de Bordeaux réunis en un seul volume in-8°, édition compacte (1).

(1) Voici leurs divers titres :

1° « Clypæus status papalis. »

2° « Quatuor Epistolæ : 1° ad Adrianum papam VI ; 2° ad illustrissimum ducem Sabaudiæ ; 3° ad Lugdunenses ; 4° ad D. ducem episcopum Valenciæ. »

3° « Sermo popularis de ecclesiæ clavibus ac pontificum potestate. »

4° « Conclusiones quædam circa electionem summi pontificis. »

5° « Modus se habendi tempore schismatis. »

6° « Conditiones veri prelati animarum, » etc., etc.

La lettre au pape Adrien est datée de Turin, 12 novembre 1522. L'épître aux Lyonnais porte la date du 23 février 1522 ; l'épître au duc de Valence, celle du 12 mars 1522.

Le volume finit par ce décastique :

Decasticon in operis commendationem.
Décastique en faveur de l'ouvrage.
Ignotus latuit Thomas non vile minorum.
Thomas, qui ne fut pas le dernier des mineurs.

A la fin du volume, l'éditeur déclare que l'ouvrage a été imprimé dans la ville de Turin, le 23 janvier 1523. « In almâ Turinensi civitate, anno salutiferi partûs 1523 die 23 januarii. »

De ces données il résulte que le pèlerinage de Notre-Dame d'Arcachon date du commencement du seizième siècle, de 1523 à 1530.

Le bienheureux vint se fixer à Arcachon vers l'an 1523 ; quelques années après, il rendait son âme à Dieu au fond de sa solitude, et sa dépouille mortelle enrichissait un sol qui, sanctifié par ses miracles et illustré par ses vertus, devait quatre siècles plus tard enfanter des merveilles dans l'ordre religieux et social.

Un frère du même institut vint le remplacer, et les Cordeliers de la Grande-Observance continuèrent ainsi de desservir la chapelle.

Mancipium cujus nunc sua fama micat.
Vécut ignoré et brille maintenant par son mérite.
Excudit varium sermonibus arte diserta.
Il fit des œuvres variées et éloquentes.
Hic opus impressit docta Tholosa prius.
La docte Toulouse fut la première qui l'imprima.
Nunc aliud papa clarum quo summa potestas
Notre Dalmate mit en relief, d'une manière
Pingitur, excudit Dalma noster opus.
Remarquable, le pouvoir du Souverain-Pontife.
Arguit et mores hominum; ritus que nefandos,
Il s'éleva fortement contre les mauvaises mœurs
                [et les usages détestables,
Trimina quæ mundo nunc manifesta vigent.
Et les crimes qui maintenant se montrent ouvertement.
Pro quo debentur laudes et gratia summa
C'est pourquoi nos louanges et actions de grâces
                [au père Illyricus, auteur de cet ouvrage.
Illyrico patri qui dedit estud opus.

CHAPITRE II.

1624-1722.

—

Un siècle environ s'était écoulé depuis la construction de l'oratoire ; le pèlerinage avait grandi ; le modeste sanctuaire de bois tombait de vétusté et se trouvait insuffisant. Il fallait en élever un plus considérable.

A cette époque (1624), le siège archiépiscopal de Bordeaux était occupé par un de ces hommes que la Providence suscite de temps en temps pour renouveler la face de son Église. Les guerres de religion venaient d'accumuler le sang et les ruines, de démolir ou de dégrader les édifices religieux. Le célèbre cardinal de Sourdis entreprit de guérir les maux causés par la réforme, et aussitôt une sainte émulation rendit aux temples leur ancienne splendeur. Le zélé prélat se distingua par sa dévotion à Marie. Grâce à Son Éminence, l'église de Verdelais fut restaurée, et le pèlerinage d'Arcachon acquit un plus grand développement.

Après avoir constaté que le modeste oratoire élevé par les soins d'Illyricus était désormais étroit et incommode, *Monseigneur de Sourdis* autorisa, le 16 janvier 1624, le religieux préposé à sa garde à le rebâtir en pierre, sur le même emplacement, *sans toutefois que, pour ce faire*, il *pût aller à la quête hors de la paroisse de La Teste*. Les largesses des bons habitants du pays répondirent au zèle du quêteur. On se mit à l'œuvre, et, dans l'espace de deux ans, à l'édifice primitif succéda une chapelle plus spacieuse et plus solide.

Une construction d'église étant une prédication solennelle, féconde en résultats pour le salut des âmes, le culte de Notre-Dame d'Arcachon brilla d'un nouvel éclat. Malgré la distance des lieux, de nombreux pèlerins accoururent du fond des Landes et du Médoc se prosterner aux pieds de Marie dans son nouveau sanctuaire.

Pour favoriser ce saint empressement et cimenter la foi des peuples, Son Éminence accorda, le 10 mars 1626, *une indulgence de cent jours à perpétuité, à tous ceux qui visiteraient la chapelle le jour de l'Annonciation, fête patronale d'Arcachon.*

Le 11 mai suivant, le zélé prélat invitait les habitants de la paroisse de Gujan, *où aucuns mouraient subitement, à s'y rendre en procession, au jour que le vicaire adviserait, dimanche ou fête.*

On ne pria pas en vain la consolatrice des affligés. Le fléau disparut.

Un autre lui succéda, mais il fut sans remède. En effet, un siècle après sa reconstruction, le sanctuaire de Marie était menacé d'une ruine totale. Poussés par les vents, les sables des dunes, s'amassant peu à peu autour de l'édifice, élevaient son tombeau. A cette vue, le marguillier *Jean Baleste-Guilhem* déclara, dans une assemblée paroissiale du 13 avril 1719, qu'il était urgent de prendre les mesures nécessaires pour conjurer la perte complète de l'église.

Une commission est nommée.

Elle se transporte sur les lieux, et constate que l'église

va disparaître sous les sables, si l'on ne prend pas des mesures de défense. Quelques personnes sont d'avis de la rebâtir ailleurs. M. Baleste-Guilhem soutient qu'il faut se borner à *exhausser les murs de six à sept pieds, en comblant d'autant l'intérieur de la chapelle, et que les sables n'arriveraient jamais à cette hauteur.*

Étrange illusion! le passé n'éclairait-il pas l'avenir? La chapelle n'était-elle pas primitivement sur un point élevé?

Malgré l'évidence des faits, la majorité adopta la proposition de M. Baleste-Guilhem.

C'est qu'il en coûtait à ces hommes de foi d'abandonner l'emplacement choisi par le pieux anachorète, consacré par la Mère de Dieu et la reconnaissance des fidèles.

D'ailleurs, le site était vraiment pittoresque : bâtie au sommet d'une grande dune avancée dans la mer, et connue encore de nos jours sous le nom de *Notre-Dame-la-Vieille (dune de Bernet)*, du haut de ce promontoire l'église dominait *la grande et la petite mer*, c'est-à-dire l'Océan et le Bassin.

En arrivant sur la passe terrible, au milieu des écueils, le navigateur apercevait le sanctuaire de l'Étoile des mers et le saluait comme un phare protecteur.

Mais il est des circonstances où les demi-mesures deviennent funestes, et les moyens extrêmes sont nécessaires. La commission ayant perdu de vue cette maxime, le bon sens public, meilleur juge, ne se rallia point à sa décision, et les choses traînèrent en longueur jusqu'à ce qu'enfin, le 9 novembre 1721, M. *Cocard*, curé de La Teste, chargé provisoirement du service religieux d'Arcachon, réunit l'assemblée paroissiale pour lui annoncer que les sables avaient entièrement couvert la chapelle *depuis huit jours.*

Il fut alors bien démontré qu'il fallait choisir ailleurs un emplacement.

CHAPITRE III.

1722-1854.

Depuis la construction de la troisième chapelle, jusqu'à la création de la paroisse.

—

A un kilomètre *est* de la chapelle envahie, on voyait une splendide forêt plusieurs fois séculaire. C'était un reste des bois qu'avant l'ère chrétienne les Boyens, anciens habitants du pays, guidés par l'instinct de la conservation et par cette Providence tutélaire qui nous indique presque toujours un remède à nos maux, avaient semés et plantés pour se mettre à l'abri des envahissements de l'Océan et des sables.

A l'époque de la chute de l'empire romain, les Barbares incendièrent ces bois; mais la petite forêt d'Arcachon fut préservée des flammes.

Ainsi conservée, elle apparaissait comme un oasis dans le désert des dunes, entre le Bassin et une mer de sables. Elle était remplie de grands chênes et de pins résineux. A l'abri de ces arbres croissaient une foule de plantes et d'arbustes. Lorsqu'ailleurs la nature s'endormait sous la glace des hivers, ici l'arbousier, toujours vert, se couvrait en même temps de fleurs et de fruits : de fleurs blanches semblables au muguet, de fruits rouges pareils à des fraises. Le houx piquant étalait ses baies purpurines ; le genêt et l'ajonc faisaient briller leurs papillons dorés ; l'humble bruyère avait, au plus fort de l'hiver, des bouquets de fleurs blanches et roses d'une délicatesse et d'un fini extrêmes. Un printemps continuel régnait dans cette forêt très-accidentée, pleine d'ondulations comme les dunes ; et l'air qui passait à travers la forêt arrivait embaumé de résine et d'odeurs pénétrantes.

Au milieu des bois, à 300 mètres du Bassin, se trouvait une colline du sommet de laquelle on entendait gronder l'Océan, et l'on apercevait, à travers l'éclaircie des arbres, les eaux transparentes de la baie d'Arcachon. Docile aux volontés du ciel, la nature avait préparé, avec un art dont elle seule a le secret, la place où l'Étoile des mers devait mettre son nouveau temple à l'abri des sables, et favoriser le recueillement de la prière.

La forêt appelée *Binette* appartenait à MM. Guillaume et Peyjehan de Francon de La Teste. La Commission les pria de céder, *à titre de don ou à prix d'argent,* l'espace nécessaire pour la chapelle et la demeure du religieux préposé à sa garde. Accueillant favorablement la demande, ils cédèrent gratuitement *environ un journal de terrain.*

Cependant la religion des enfants de Marie s'alarmait de voir la statue des prodiges privée d'un asile où l'on pût l'invoquer, et offrir les divins mystères durant la construction de l'église.

Un oratoire en bois fut élevé provisoirement, et reçut la statue et les ornements pris dans la chapelle ensablée. Les cérémonies du culte y furent célébrées pendant toute la durée des travaux de la troisième chapelle.

La troisième chapelle, commencée au mois de septembre 1722, fut terminée dans le courant de l'année suivante.

Conservé en entier jusqu'en 1860, où il a perdu un tiers

de sa longueur pour faire place à une belle église ogivale à laquelle il a été annexé par respect du passé, cet édifice n'avait de monumental que sa position véritablement exceptionnelle.

Cette construction, comme il est encore facile de s'en convaincre, révélait tout le mauvais goût de la fin du dix-huitième siècle.

C'était une basilique orientée, sans bas-côtés. Elle avait la forme d'un carré-long, au fond duquel, en face de l'entrée, se trouvaient trois autels, dont deux latéraux, dédiés, l'un à sainte Anne et l'autre à saint Clair. Entre ces deux autels s'ouvrait un arceau ou arc triomphal pour former une abside en pentagone irrégulier, dans laquelle on voyait le maître-autel, dédié à l'Étoile des mers.

Une sainte table en bois séparait les autels de la nef. Une grille en fer battu, artistement faite, embrassait toute la largeur de la nef et presque toute sa hauteur, prenait un quart de la nef pour déterminer avec la sainte table le chœur de l'église.

En œuvre, l'édifice avait 26^m,90 de long (la sacristie comprise) sur 8^m,45 de large et 4^m,40 de hauteur. Au lieu d'être à plein cintre ou au moins à berceau, comme l'exigeait la faible élévation des murs, la voûte lambrissée n'avait qu'un arc tout à fait surbaissé, et l'église se trouvait beaucoup trop basse de cerveau. L'humidité qu'entraîne le voisinage de la mer inspira l'heureuse idée de revêtir de boiseries tous les murs intérieurs. Des revenus considérables permirent de faire peindre ces boiseries et toute la chapelle en 1723. Le peintre ne manqua pas de goût, et excella surtout dans l'ordonnance générale du travail, comme nous l'apprennent les rares peintures respectées par l'ignoble pinceau dont on se servit en 1836, dans le but de rafraîchir les anciens dessins maltraités par le temps.

L'extérieur de la construction ne supportait pas l'examen. Les murs en moellon étaient badigeonnés à l'ocre jaune. Un simple pignon de 3 mètres de hauteur, bâti au-dessus du mur de façade, renfermait une petite cloche. Les deux portes d'entrée, dont l'une occupait la façade et l'autre se trouvait du côté du sud, étaient protégées par des auvents dans le style de l'époque.

Ainsi le nouveau sanctuaire n'avait de monumental que son site.

Le changement de place n'altéra pas la dévotion des fidèles. Leur piété éclairée sut faire la part des circonstances, ne s'arrêta pas aux murs de l'édifice, et suivit la statue vénérée dans le nouveau temple. Placée au-dessus du maître-autel, l'image de Marie, toujours richement ornée, reçut l'encens et les louanges des chrétiens. Bientôt la chapelle entière parut tapissée d'*ex-voto*. Les yeux ne rencontrèrent sur les murs, aux lambris, sur les autels, partout, que les témoignages de la reconnaissance. Ici, des marins, sauvés du naufrage par l'entremise de Notre-Dame d'Arcachon, consacraient la mémoire de ce bienfait, tantôt par des tableaux de marine ou de petits navires, tantôt par des restes de voiles ou de cordages ; là, des convalescents déposaient des tableaux en mémoire de leur guérison ; ailleurs, des paralytiques appendaient avec joie aux murs des béquilles, comme autant de trophées de la puissance de Marie.

Les offrandes des pieux pèlerins permirent non-seulement d'orner le sanctuaire de la Vierge, mais encore de bâtir en 1727, à côté de l'église, une modeste habitation appelée *l'ermitage*, détruite en 1855 et remplacée la même année par un gracieux presbytère : c'était la demeure de l'aumônier. Le religieux qui l'habitait dut un jour quitter ces rivages, sur lesquels se faisait sentir la tempête révolutionnaire.

Plus cruels que les forbans, les démolisseurs de 93 voulurent piller le temple, briser la statue, incendier et détruire l'édifice. Mais l'attitude menaçante de la population, aussitôt que les ordres venus de Bordeaux furent connus, jeta l'épouvante dans l'âme des terroristes et arrêta leurs projets sacriléges.

Les vieillards de nos jours nous ont donné ces détails. Ils nous ont appris en même temps que, sauvée par la foi des marins, la chapelle resta fermée pendant la tourmente révolutionnaire. Depuis le bienheureux Illyricus jusqu'à la Révolution française, le sanctuaire fut presque toujours desservi par les religieux cordeliers de la Grande-Observance de saint François d'Assise.

L'archevêque de Bordeaux nommait l'aumônier sur la présentation du provincial de l'Ordre. Le curé de La Teste jouissait d'un droit de surveillance, et l'administration du temporel était confiée à un marguillier spécial, élu par l'assemblée paroissiale, parmi les membres du conseil de fabrique de La Teste.

Lorsque les édifices religieux furent rendus au culte, le service d'Arcachon revint au curé de La Teste, qui se borna, dès lors, à y dire la sainte messe toutes les fois qu'elle était demandée, à y célébrer les fêtes patronales de l'Annonciation, de saint Clair et de sainte Anne. Le pèlerinage souffrait, et de l'éloignement du prêtre, et des doctrines anticatholiques de 93. La fête du 25 mars était pour beaucoup de pèlerins une occasion de dissipation et de scandale, surtout quand elle avait lieu pendant le carême.

En 1828, pour remédier au mal et ranimer la dévotion à Notre-Dame d'Arcachon, M. Gourmeron, curé de La Teste, obtint de Sa Sainteté le pape Léon XII *une indulgence plénière pour tous les fidèles de l'un et de l'autre sexe, qui,*

véritablement pénitents, après s'être confessés et avoir reçu la sainte communion, visiteraient dévotement, chaque année, le lundi de Quasimodo, l'église ou la chapelle publique d'Arcachon.

Au lieu de stimuler le zèle des pèlerins, cette faveur le ralentit. Elle avait pour but principal de transporter, à cause des abus, la fête patronale de l'Annonciation au *lundi de Quasimodo;* mais les Landais, partageant l'immobilité des peuples de l'Orient, tiennent profondément à leurs usages. Très-peu de pèlerins répondirent aux désirs de M. Gourmeron et à l'invitation du chef de l'Église. Telle fut la cause d'une nouvelle décadence du pèlerinage.

Mais, en 1852, une ère nouvelle commence : le désert a fleuri, la solitude a parlé ; du sein des eaux et du milieu des sables, dans le voisinage du sanctuaire de Notre-Dame, surgit, comme par enchantement, une cité riante de jeunesse et pleine d'avenir.

Dès lors, le zèle du clergé de La Teste ne pouvant plus suffire aux besoins du culte, une commission est nommée pour demander l'érection d'Arcachon en paroisse.

Le 15 avril 1854, un décret impérial élevait l'église à la dignité de succursale ; le 1er mai suivant, un prêtre était mis à la tête de la nouvelle paroisse, et, le 4 du même mois, un conseil de fabrique prenait les rênes de l'administration temporelle. Quelque temps après, le Gouvernement reconnaissait la nécessité d'un vicaire.

Les beaux jours de pèlerinage s'étaient levés pour Arcachon.

CHAPITRE IV.

De 1854 à 1861.

Depuis la création de la paroisse, jusqu'à la fin de la construction de la quatrième chapelle ou église.

———

Le pèlerinage de Notre-Dame d'Arcachon doit être classé désormais parmi les principaux pèlerinages de France. Plusieurs causes, que nous allons énumérer, ont puissamment contribué à lui acquérir ce glorieux privilége.

I. C'est d'abord la jeune et riante cité d'Arcachon, si pleine d'avenir.

Selon sa devise déjà célèbre, la ville ne date que d'hier : *heri solitudo.* Une modeste chapelle, un pauvre ermitage ensevelis depuis des siècles dans une profonde solitude, au sein d'une épaisse forêt : voilà jusqu'à ces derniers temps le berceau d'Arcachon. A proprement parler, la cité ne remonte qu'à 1852; et, toutefois, elle compte près de cinq cents maisons, une population qui, pendant l'hiver, est de douze cents âmes, et de cinq mille en été. La beauté de son site, sa plage incomparable pour les bains de mer, sa tiède forêt de pins aux émanations térébenthinées, une température uniforme et douce comme celle de Nice pour les santés délicates, son port, l'un des plus vastes et des plus abrités de l'Europe, sont un gage certain d'un grand avenir.

Placé aux portes de Bordeaux, à quelques heures seulement de la capitale, grâce à une voie ferrée qui rapproche les distances, Arcachon a reçu, dans la seule année de 1861, plus de cent mille visiteurs, dont la plupart, transformés en pieux pèlerins, se sont prosternés dans là chapelle des prodiges, aux pieds de la Vierge, et ont voulu posséder des médailles qu'ils aiment à porter et à distribuer à leurs amis.

II. Le 8 août 1854, S. Ém. le cardinal Donnet, archevêque de Bordeaux, au milieu des autorités militaires, civiles, maritimes de Bordeaux et du canton de La Teste, a inauguré les *processions nautiques,* dont l'anniversaire a lieu vers la même époque. Elles ont un charme incomparable, parce que le Bassin d'Arcachon n'a point de rival. Essayons d'en faire la description :

Il est trois heures du soir, et la mer montante touche presque à son niveau dans la baie. Le ciel est pur et sans nuages. Une légère brise tempère les ardeurs du soleil, agite mollement la surface· des eaux. En présence d'une croix monumentale placée sur le rivage, au fond de l'allée de la chapelle, mille nacelles se balancent et attirent la curiosité de la foule. Son Éminence et sa suite ont pris place sur une chaloupe richement décorée, surmontée d'un dais en velours cramoisi. La croix, les acolytes, les enfants de chœur, les bannières sont à la tête de la procession. Huit jeunes batelières, au corset bleu, en robes et cornettes blanches, entourent, dans une barque ornée de guirlandes et de fleurs, une statue de la Vierge, de grandeur naturelle, surmontée d'une étoile d'or.

Qaatre jeunes mousses en grande tenue portent, sur un

brancard artistement peint, un petit navire aux voiles dé-
ployées.

Trois chaloupes contiennent les musiciens du régiment
en garnison à Bordeaux, les chantres et les chanteuses. La
foule se presse dans une multitude d'embarcations, pour
faire cortége; les plus timides demeurent sur le rivage,
spectateurs attentifs de la cérémonie religieuse.

Tout à coup, le bruit solennel du canon donne le signal
du départ. La procession se met en mouvement au milieu
des joyeuses fanfares entrecoupées du chant des psaumes
et des cantiques.

Le son des instruments, les cantiques sacrés, les triom-
phantes volées de la cloche de Saint-Ferdinand, l'azur des
cieux, la douce brise, le mouvement régulier des flots ba-
lançant mollement les nacelles, les riantes villas d'Arcachon
avec leurs habits de fête, leurs galeries, leurs festons, leurs
drapeaux, rangés sur le rivage; mais surtout cette Vierge,
qui semble marcher sur les eaux comme autrefois son fils
sur la mer de Thibériade; ce spectacle est ravissant. Il est
difficile de maîtriser son émotion.

En longeant la ville nouvelle, après une heure de navi-
gation, on arrive au quartier du Mouëng, on débarque, et
la fête se termine par la bénédiction du Très-Saint Sacre-
ment dans la gracieuse chapelle romane de Saint-Ferdinand,
bâtie en 1855.

III. Cette description nous conduit naturellement à celle
de la fête patronale de l'Annonciation. Voyons ce qu'elle
fut, ce qu'elle est aujourd'hui.

Quand Arcachon n'était encore qu'un désert, cette solennité avait un charme incomparable. Un grand nombre de
pèlerins arrivaient dès la veille. Tous les pêcheurs aban-
donnaient leurs barques et leurs filets. Juchés sur de hautes
échasses, les pasteurs des Landes venaient, comme les

Arabes errants, dresser leurs tentes de quelques instants autour de la chapelle, à l'abri des vieux chênes de la forêt, au milieu des bouviers de Sanguinet, de Biscarosse et de Parentis, qui mangeaient et dormaient avec leurs familles sur leurs charrettes couvertes. Les marchands ambulants étalaient leurs boutiques à côté de plusieurs cabarets improvisés. Arcachon présentait l'aspect d'une station des caravanes de l'Afrique.

A l'entrée de la nuit, la cloche de la chapelle annonçait la prière : c'était la prière des marins. Ils s'y rendaient en foule ; et, lorsque le prêtre récitait les litanies de la Vierge ou entonnait l'*Ave maris Stella,* ils faisaient les réponses.

Le bruit de l'Océan qui se mêlait au chant des hymnes sacrées ; le sanctuaire inondé de lumière, tapissé d'*ex-voto* tantôt tristes et tantôt consolants ; la présence et le recueillement de ces matelots, sans cesse suspendus entre la vie et la mort, au milieu des écueils et des tempêtes de l'élément redoutable ; leurs chants graves et plaintifs ; tout l'ensemble de cette cérémonie réveillait mille touchants souvenirs qui allaient à l'âme et remuaient toutes les fibres du cœur.

Le lendemain, dès l'aurore, les pèlerins affluaient dans toutes les avenues. Une multitude de bateaux sillonnaient la baie et apportaient au milieu des chants religieux les fidèles des paroisses du littoral. — Depuis le lever du soleil jusqu'à midi, les messes se succédaient sans interruption dans le sanctuaire resplendissant de clarté. Tour à tour chaque paroisse faisait entendre ses cantiques et rehaussait l'éclat de la solennité.

A onze heures, clergé et fidèles se rendaient au pied d'une vieille croix de bois, placée sur un tertre qui dominait les eaux. Là, une multitude de barques pavoisées se balançaient en implorant les bénédictions de l'église. Aussitôt après cette bénédiction, la messe était chantée.

Le prêtre faisait une courte instruction, dans laquelle les marins n'étaient jamais oubliés. Enfin la bénédiction du Saint-Sacrement couronnait cette fête landaise.

Alors la foule s'écoulait lentement. A deux heures elle avait disparu. La chapelle était rentrée dans sa solitude profonde.

Depuis qu'une ville a pris la place du désert, le spectacle a changé; aujourd'hui la fête de l'Annonciation présente un merveilleux contraste par le mélange des temps passés et des temps nouveaux, de la civilisation avec la barbarie, des usages landais avec les coutumes bordelaises.

La foule est plus variée et plus considérable, la solennité plus imposante, mais moins attrayante, à cause de ses rapports avec les cérémonies religieuses des villes.

Précédée d'une statue de la Vierge, de grandeur naturelle, dont le riche brancard repose sur les épaules de quatre robustes marins, au milieu du bruit des tambours et des fanfares de la Société musicale d'Arcachon, une longue procession se déroule vers les onze heures dans l'avenue de la chapelle, et va s'arrêter aux pieds d'une croix monumentale élevée en 1856 sur les bords de la baie. Entouré d'un nombreux clergé, le prêtre fait une allocution en présence de l'Océan qui mugit, il bénit les barques et les filets, évoque le souvenir de la pêche miraculeuse, supplie le ciel d'enchaîner les vents et les tempêtes, et de conduire heureusement au port les bateaux chargés d'un riche butin. Bientôt après, il célèbre les divins mystères pour la Société de secours mutuels des marins d'Arcachon, qui a choisi l'Annonciation pour sa fête patronale.

La messe royale, toujours belle, surtout quand elle est exécutée par un chœur nombreux, est chantée, avec accompagnement d'orgue, par les chantres réunis des paroisses voisines. Les intervalles sont remplis par un discours aux pêcheurs, par des hymnes sacrées et de morceaux de musique de l'Orphéon. Le soir, la bénédiction du Saint-Sacrement annonce la fin de la solennité.

IV. Tous les ans, le mardi de Pâques, on célèbre une fête analogue accompagnée des mêmes cérémonies, mais moins imposante, connue sous le nom de *fête des chaloupes*.

Les chaloupes sont des bateaux pontés employés à la pêche en pleine mer. Introduites il y a peu d'années dans notre localité, pour remplacer les dangereuses *pinasses* ou chaloupes non pontées, avec lesquelles on avait coutume de pêcher dans la mer, elles ont sur leurs rivales le double avantage de l'économie et de la sécurité. Véritables hirondelles de mer, avec un pilote expérimenté, elles bravent les vents et les tempêtes; et le revenu qu'elles donnent surpasse celui des pinasses. Leur introduction dans notre baie est un bienfait inappréciable; ce bienfait demandait une consécration religieuse. Telle est l'origine de la fête des chaloupes, fête exclusivement maritime, qui révèle au plus haut degré un des caractères distinctifs de ce pèlerinage, *établi surtout en faveur des pêcheurs.*

V. Patronne des marins, Notre-Dame d'Arcachon l'est aussi des enfants. Ces deux titres sont désormais inséparables. Une plage spacieuse, faiblement inclinée, sablonneuse et douce comme un tapis de velours, qui permet aux enfants de se baigner à toute heure, dans une eau tranquille, et de folâtrer en toute liberté avant et après le bain, au milieu des sables, dans une atmosphère chargée de vapeurs salines, produit des effets si éminemment favorables à la santé du jeune âge, qu'Arcachon est appelé *la patrie des enfants.* Personne ne lui conteste ce grand privilége.

Évidemment, il entrait dans les desseins de la Providence que la céleste Vierge, dont la statue miraculeuse se trouvait sur cette bienfaisante plage, fût invoquée spécialement comme *patronne des enfants*. De là, à dater de 1854, des prières publiques, des cérémonies particulières solennelles, des bénédictions, des consécrations d'enfants à la Mère de Dieu dans le sanctuaire vénéré.

Ce n'était point assez : pour répondre aux vœux souvent réitérés d'un grand nombre de mères chrétiennes, saintement jalouses d'enrôler leurs familles sous les bannières de Notre-Dame d'Arcachon, il fallut créer, avec l'autorisation de S. Ém. le Cardinal de Bordeaux, l'*Œuvre ou Confrérie de Notre-Dame d'Arcachon*.

Un grand succès a couronné l'institution ; fondée le 8 septembre 1856, elle compte déjà plus de dix mille membres. *C'est spécialement l'œuvre des enfants*. Néanmoins, personne n'est exclu, et tout le monde peut être membre de la Confrérie et jouir des précieuses faveurs qu'elle accorde. Il suffit : 1o de se faire inscrire sur un registre spécial tenu par M. le Curé d'Arcachon, directeur de l'œuvre; 2o de donner 5 centimes par semaine *pendant un an*, c'est-à-dire de payer la modeste somme de 2 fr. 60 c. au profit de l'église.

En compensation : 1o *à dater de 1857, la sainte messe est dite pendant vingt ans dans le sanctuaire de Notre-Dame d'Arcachon, le 25 mars, le 15 août et le 8 septembre*, pour tous les membres de l'œuvre.

2o Le jour de la réception, ils reçoivent une gravure dans laquelle le but, les obligations, les priviléges de l'œuvre sont expliqués. La gravure de Notre-Dame est accompagnée de cette prière : « O Marie ! Mère de Dieu, qui avez » ordonné à la tempête et aux flots de déposer sur les riantes » et salutaires plages d'Arcachon, *patrie des enfants*, une » de vos images, devenue, depuis environ quatre siècles, » au milieu de beaucoup de prestiges, l'objet d'un grand » pèlerinage ; Notre-Dame d'Arcachon, patronne des ma-

» rins et des enfants ! ô vous qui, du haut des cieux, êtes
» témoin des dangers que nous courons pour l'âme et pour
» le corps, au nom de l'enfance de Jésus, votre divin Fils,
» veillez sur nous, protégez-nous dans le temps et dans
» l'éternité. Ainsi soit-il ! »

VI. La chapelle d'Arcachon a l'insigne honneur d'être en
possession des mêmes priviléges que le sanctuaire connu
du monde entier sous le nom à jamais célèbre de *la Santa
Casa* ou de *Notre-Dame de Lorette*, qui a sur sa façade
cette inscription :

Deiparæ domus in quâ Verbum caro factum est. Maison de la Mère de Dieu, dans laquelle le Verbe s'est fait chair.

Voici la copie exacte du diplôme d'association accordé le
23 mai 1856 et affiché dans la chapelle :

« JACQUES ANTONELLI,
Cardinal diacre de la sainte Église romaine,
du titre de Sainte Agathe, *ad suburram*,
Préfet de la Congrégation de Lorette.

» Les lettres apostoliques du Souverain-Pontife Pie IX,
qui commencent par ces mots : *Inter omnia*, ayant accordé
à la sacrée Congrégation des Éminentissimes et Révéren-
dissimes Cardinaux de la sainte Église romaine, préposés
aux soins de la Maison de Lorette, ainsi qu'à la garde et à
l'administration de ses biens, et au nom de la Congrégation, à celui qui en est actuellement le Préfet, la faculté
d'agréger les différentes églises et chapelles de l'univers à
cette bienheureuse maison dans laquelle le Verbe s'est fait
chair, et qui, par un effet de la puissance divine, a été
transportée de Syrie d'abord en Dalmatie, puis dans la
Marche d'Ancône, afin de rendre ces églises et chapelles
participantes des faveurs spirituelles octroyées par la mu-

nificence des Souverains - Pontifes à cet auguste sanctuaire ;

» Nous, comme Préfet de ladite Congrégation, accueillant avec bienveillance les prières du révérend messire Xavier Mouls, curé de la chapelle Notre-Dame d'Arcachon, à qui son ardente dévotion envers l'immaculée Vierge Marie, Mère de Dieu, fait vivement souhaiter de voir ladite chapelle du diotèse de Bordeaux admise en participation des mêmes priviléges, associons et agrégeons cette chapelle à la très-sainte Maison de Lorette, conformément à la teneur des lettres apostoliques, à l'effet que tous les fidèles de l'un et de l'autre sexe qui, étant réellement contrits, s'étant confessés et ayant fait la sainte communion, visiteront dévotement cette chapelle et y répandront devant Dieu de ferventes prières pour l'exaltation de la sainte Église romaine, pour l'extirpation des hérésies et la concorde entre les princes chrétiens, puissent jouir de toutes les faveurs spirituelles ci-après mentionnées, aussi pleinement que s'ils se rendaient en personne à la bienheureuse Maison de Lorette, à savoir :

» Une indulgence plénière et l'entière rémission de leurs péchés, au jour de la Nativité de Notre-Seigneur Jésus-Christ, de la Conception, de la Nativité et de l'Annonciation de la bienheureuse Vierge Marie, et pour le jour anniversaire de l'arrivée de la sainte Maison en Italie ; indulgence pouvant être appliquée par manière de suffrage aux âmes des fidèles détenus en purgatoire ; puis, pour les autres fêtes solennelles de Notre-Seigneur, de sa sainte Mère, ainsi que pour celles de sainte Anne et de saint Joseph, une exception de sept ans et de sept quarantaines de pénitences imposées de quelque autre manière, selon la forme usitée dans l'Église.

» Et ces grâces dont ladite Maison de Lorette est en possession, en vertu de la faculté ci-dessus rapportée, nous les communiquons et concédons à la Chapelle désignée, moyennant le consentement de l'Ordinaire, et pourvu qu'il ne se trouve pas dans ce lieu d'autre concession faite par Nous de semblables indulgences, et que cette chapelle ne soit agrégée à aucun ordre, à aucune société religieuse, à aucun institut, à aucune archiconfrérie ni congrégation par lesquels elle soit rendue participante de ces indulgences.

» Donné à Rome, en notre palais, le XXIII⁰ jour de mai de l'année MDCCCLVI, du Pontificat de Notre-Saint-Père et Maître en N.-S. J.-C., Pie IX, la dixième.

» *Signé* J.-Lud. ANTONELLI.

FRANÇOIS, vicaire secrétaire. »

Vu et approuvé par nous FERDINAND, Cardinal DONNET, Archevêque de Bordeaux.

VII. Notre-Dame d'Arcachon a vu prosternés à ses pieds un grand nombre de personnages. Elle a surtout reçu deux augustes visiteurs. Le 10 octobre 1859, Leurs Majestés l'Empereur et l'Impératrice des Français se rendirent solennellement en pèlerinage dans ce sanctuaire, y invoquèrent la Reine du ciel et de la terre, y assistèrent à la bénédiction du Saint-Sacrement, et donnèrent une somme de 10,000 fr. pour la construction d'un temple digne de la Mère de Dieu et des hommes.

CHAPITRE V.

Nouvelle Église. — Son histoire. — Sa description. —
Ses vitraux. — Harmonies de son clocher.

———

Le 6 juillet 1856, Son Éminence le Cardinal Donnet, assisté de Nosseigneurs les Évêques de Nevers, de Gap, de
Saint-Flour et d'un clergé nombreux, bénit avec pompe et
posa la première pierre de la nouvelle église. En ce jour solennel, Monseigneur Dufêtre, debout sur le marche-pied
d'un autel dressé à ciel ouvert, au milieu d'une foule immense, élevant sa voix éloquente et sonore, s'écria au nom
de Notre-Dame d'Arcachon : « *Da mihi spatium.* Agrandis-
sez mon temple. Ne voyez-vous pas qu'il est trop étroit pour
les enfants qui viennent de toutes les contrées de la France
et des pays étrangers pour m'adresser leurs hommages,
leurs supplications, et recevoir les gages de ma tendresse
maternelle? »

Les vœux du zélé prélat sont enfin accomplis. Commencée en 1858, la nouvelle construction a été achevée en 1861.
C'est une grande et belle église, j'allais dire une cathé-
drale, à laquelle, en souvenir du passé, a été *annexé*, pour
en être comme le saint des saints où repose la statue des
prodiges, l'ancien sanctuaire, dont la longueur a été dimi-

nuée d'un tiers pour laisser une place suffisante au nouveau temple.

L'édifice a, tout compris, 35 mètres de long sur 17 mètres 80 centimètres de large, et 17 mètres d'élévation jusqu'au faîtage.

C'est une basilique à trois nefs dont les trois autels, établis dans la même direction, se révèlent dès le seuil de la porte principale. Elle appartient tout entière au style ogival primitif ou à lancette (treizième siècle).

L'habile architecte, M. G. Alaux, de Bordeaux, a choisi le style ogival, parce que seul il répond dignement par ses mystères et son apparente immensité à la pensée chrétienne, et seul il est capable de traduire éloquemment les inspirations de la foi catholique.

Dans ce style si aérien et si plein de mystérieuses clartés, il a préféré le treizième siècle qui, plus que tous les autres, excelle par le naturel et l'harmonie de l'ensemble.

En pénétrant dans l'église d'Arcachon, qui est encore presque toute nue, on est frappé des heureuses proportions observées dans la forme des arcades et des fenêtres, de la grâce des voûtes de l'abside, des absidioles et des nefs.

Les quatre travées des voûtes des nefs sont marquées par des arcs parallèles, et chaque compartiment est accusé, fortifié par des arceaux qui se croisent en diagonales. Les arcs et les arceaux sont tous en pierre de taille. D'épaisses briques *tubulaires,* dont le rouge se détache agréablement sur des joints et des arceaux blancs, forment le remplissage. Des voûtes de cette nature sont à la fois élégantes, hardies, solides, sonores, polychromes ; elles devraient servir de modèle aux voûtes des édifices religieux de notre époque.

Après les avoir parcourues, le regard s'arrête avec bonheur sur les vitraux des trois principales fenêtres de l'abside. Un artiste bordelais, M. Villiet, y a reproduit les phases du pèlerinage d'Arcachon, partagé en trois époques bien distinctes. La première fenêtre s'ouvre à l'arrivée d'Illyricus à Arcachon, et s'arrête à sa mort; la seconde part du cardinal de Sourdis et va jusqu'à la fin du siècle dernier; la troisième, enfin, raconte tout ce qui s'est accompli de nos jours, sous l'active et féconde impulsion de Son Éminence le cardinal Donnet, archevêque de Bordeaux.

L'histoire commence à la première fenêtre à gauche, en regardant l'autel; elle se continue dans celle du milieu, et vient se terminer à droite, dans la troisième fenêtre. Chaque vitrail renferme six médaillons, dans lesquels les scènes s'étagent de haut en bas et de gauche à droite. Une inscription explicative est placée au bas de chaque médaillon.

Les sujets représentés dans les roses ouvertes au sommet de chaque fenêtre, ne se rattachent pas à la légende; ils retracent l'idée générale du pèlerinage de Notre-Dame, *patronne des marins et patronne des enfants.*

Décrire les vitraux de la nouvelle église, c'est redire l'histoire de Notre-Dame d'Arcachon; en voici l'analyse rapide :

Première fenêtre (gauche). — En l'an de Notre-Seigneur 1488, un fils de saint François, nommé Thomas Illyricus, remplissait l'Italie et la France du bruit de ses prédications; il arrive à Bordeaux, et là, comme partout, son éloquence entraîne à sa suite la population tout entière. Effrayé pour son âme de cette gloire trop humaine, Illyricus disparaît un jour et se dirige seul vers le désert qui s'étendait à l'ouest de la ville. Il cherche un lieu ignoré de tous, où il pourra vivre loin des bruits et des applaudissements du monde. Après avoir erré longtemps, il arrive enfin à l'extrémité d'une vaste forêt de pins; il s'arrête : devant lui est l'Océan immense, sans limites; derrière lui est la forêt qu'il vient de traverser, autre immensité; partout autour de lui, une solitude complète. Le lieu cherché par le religieux est trouvé, son choix est fait : le pieux solitaire restera là. (Premier médaillon. Illyricus arrive à Arcachon.)

Quelque temps après, Illyricus vit un soir deux petits navires luttant en vain contre une affreuse tempête; ils allaient périr : le pieux solitaire tomba à genoux, éleva vers le ciel ses mains suppliantes, et demanda à Dieu le salut des pauvres marins. Sa prière fut exaucée, et bientôt les deux navires abordèrent heureusement. (Deuxième médaillon. Illyricus sauve par ses prières deux navires du naufrage.)

Un autre jour, Illyricus suivait, en méditant, le bord de la mer. Il aperçoit, tout à coup, une statue en albâtre que les vagues avaient déposée sur le sable. C'était une image de la Sainte-Vierge. Il se hâte de la relever, et l'emporte tout joyeux dans sa retraite. (Troisième médaillon. Illyricus trouve au bord de la mer une statue de la Sainte-Vierge.)

Puis il songe à lui faire une demeure, et aussitôt il construit, avec le bois de la forêt, sur une dune au bord du Bassin, et en vue de l'Océan, un petit oratoire où il dépose avec respect la sainte image. (Quatrième médaillon. Illyricus construit une chapelle.)

Des forbans, passant près de la côte, aperçoivent l'oratoire d'Illyricus. Ils détachent une chaloupe et arrivent au pied de la dune. Ils entrent dans la chapelle, et, portant une main sacrilège sur les dons des pèlerins, ils enlèvent tout ce qui a quelque valeur.

Le châtiment ne se fit pas attendre; la chaloupe chavira par un temps calme, et Illyricus arriva assez tôt pour voir les forbans disparaître sous les flots, en vue de leur navire. (Cinquième médaillon. Naufrage des forbans qui avaient pillé la chapelle.)

Après un long séjour dans sa chère solitude, Illyricus

comprit que sa dernière heure allait sonner. Il s'étendit sur
son lit de fougères, et, jetant un dernier regard sur l'oratoire de Notre-Dame, le pieux solitaire expira. (Sixième
médaillon. Mort d'Illyricus.)

Deuxième fenêtre (milieu). — Après la mort d'Illyricus,
sa réputation de sainteté, et le bruit des miracle opérés par
Notre-Dame, attirèrent un nombreux concours de pèlerins.
Mais l'oratoire élevé par le solitaire tombait en ruines. Le
cardinal de Sourdis ordonna la construction d'une nouvelle
chapelle, et en bénit la première pierre. (Premier médaillon. Le cardinal de Sourdis fait construire une nouvelle
chapelle en 1624.)

Les processions et les pèlerinages arrivèrent de tous côtés ;
les habitants de Gujan, entre autres, décimés par une épidémie, firent, le 11 mai 1624, une procession solennelle,
et l'épidémie cessa aussitôt. (Deuxième et troisième médaillons. Processions et pèlerinages.)

Les sables, soulevés par le vent, s'amoncelèrent peu à
peu autour de la chapelle, et ne tardèrent pas à l'envahir.
En présence de ce danger, et pour aviser aux moyens de la
préserver d'un envahissement complet, les marguilliers de
La Teste se transportèrent à Arcachon le 13 avril 1719.
Lorsqu'ils arrivèrent, le toit seul de la chapelle s'élevait
au-dessus des sables, et huit jours après elle avait complè-
tement disparu. (Quatrième médaillon. Les sables couvrent
la chapelle.)

Il fallut choisir pour Notre-Dame une terre plus hospi-
talière. Deux généreux habitants de La Teste cédèrent gratuitement, non loin des bords du Bassin d'Arcachon, le
terrain sur lequel devait s'élever le nouvel édifice. On cons-
truisit, pour abriter provisoirement la statue de Notre-
Dame, un oratoire en bois dans le genre de celui d'Illyricus, et, le 4 octobre 1722, on jeta les fondements d'une

troisième chapelle. C'est elle qui existe encore aujourd'hui . et se trouve annexée à l'église paroissiale. (Cinquième médaillon. On construit une troisième chapelle.)

Cette nouvelle construction ayant été terminée dans le courant de l'année suivante, la statue miraculeuse de Notre-Dame fut transportée en grande pompe dans son nouveau sanctuaire. (Sixième médaillon. La statue de Notre-Dame est transportée dans la nouvelle chapelle.)

Troisième fenêtre (droite). — Énergiquement défendue par les marins du littoral, la chapelle de Notre-Dame échappa au marteau révolutionnaire, mais resta fermée pendant longtemps. Ouverte de nouveau au commencement de ce siècle, elle reçut des pèlerinages plus nombreux que jamais, et vit se renouveler ceux qui venaient autrefois périodiquement de toutes les parties des Landes. (Premier médaillon. Pèlerinages.)

On put voir souvent des marins, qui avaient invoqué Notre-Dame d'Arcachon pendant la tempête, venir à la chapelle, un cierge à la main et nu-pieds, accomplir leur vœu. (Deuxième médaillon. Le vœu des marins.)

Le 8 août 1854, Son Éminence le cardinal Donnet, archevêque de Bordeaux, inaugura, au milieu d'un concours immense de fidèles, les processions nautiques, qui, depuis, se renouvellent chaque année à la même époque. (Troisième et quatrième médaillons. Les processions nautiques inaugurées par le cardinal Donnet, 1854.)

Peu de temps après, une croix colossale s'élevait près du Bassin, au bout de l'avenue qui conduit à la chapelle, et Son Éminence le cardinal Donnet bénissait solennellement cette croix monumentale. (Cinquième médaillon. Bénédiction de la Croix monumentale.)

Enfin, le 6 juillet 1856, Son Éminence le cardinal Donnet, assisté des évêques de Nevers, de Gap et de Saint-

Flour, bénit et posa la première pierre de la nouvelle église, qui s'élève aujourd'hui au-dessus des pins, comme pour raconter plus haut encore les gloires de Notre-Dame, et pour protéger la ville naissante qui se presse autour d'elle. (Sixième médaillon. Le cardinal Donnet pose la première pierre de la nouvelle église.)

Le vitrail de la fenêtre centrale a été donné à l'église par Son Éminence le cardinal Donnet; il porte ses armes et celles d'Arcachon.

Le vitrail de gauche est dû à la générosité de madame la maréchale de Saint-Arnaud; le vitrail de droite à celle de madame de Tartas. Ces verrières portent aussi les armoiries des donatrices.

Pour mettre sa décoration transparente en rapport de style avec l'église, notre habile peintre bordelais, M. Villiet, auquel notre Midi doit déjà de si remarquables travaux de peinture sur verre, a emprunté aux vitraux du xiiie siècle la disposition de ses verrières. Il a adopté le système légendaire des vitraux de cette époque, et reproduit leur ornementation avec la plus scrupuleuse exactitude.

Les médaillons, enchâssés dans cette luxuriante et vigoureuse végétation du xiiie siècle, se détachent comme autant de camés, et sont traités avec tout le soin et toute la correction de dessin qu'on est en droit d'exiger des vitraux de nos jours, surtout lorsqu'ils sont appelés à reproduire des faits modernes et même contemporains.

Si de l'intérieur de la basilique nous passons à l'extérieur, l'examen le plus superficiel nous convaincra qu'une pensée prédomine dans les monuments du xiiie siècle : *l'élancement, la direction vers le ciel.*

Cette forme pyramidale, qui se produit dans toutes les parties de l'édifice, non-seulement dans les frontons, le clocher, les clochétons, mais encore dans les fenêtres à lancette , ajoute beaucoup en apparence à son élévation réelle.

C'est aussi de cet accord dans les formes, que naît l'harmonie et l'unité qui distingue si heureusement les monuments de la première époque ogivale, et lui donne une solennité incomparable, comme le démontre l'église d'Arcachon.

Cette église a aussi le mérite de la polychromie. Voilà son caractère distinctif à notre époque. A l'intérieur, comme à l'extérieur, par une heureuse alliance de la pierre avec la brique apparente (du rouge avec le blanc), elle produit des dessins, offre un tableau merveilleusement rehaussés par le cadre naturel que donne à l'édifice une épaisse forêt toujours verte.

Ce monument est surtout remarquable par son clocher.

Le clocher d'Arcachon , construit sur les plans fournis par M. Alaux , architecte à Bordeaux, est un véritable chef-d'œuvre bien digne de fixer l'attention des artistes. Sa flèche est surtout remarquable : bâtie tout entière en pierre dure d'Angoulême, elle s'élève, élégante et fière, à 200 pieds au-dessus du niveau de la mer.

· La tour est divisée en trois compartiments bien distincts : le rez-de-chaussée ou portique du temple, la chambre de l'orgue, et la demeure des cloches. Elle a pour couronne une galerie découpée à jour, en forme de dentelles. De là s'élance dans l'espace une pyramide qui semble suspendue dans les airs comme par enchantement, tant les découpures et les ornements de la base sont fins et déliés. Percée à jour de distance en distance, octogonale avec des crochets sur les arêtes, la flèche se termine par un bouquet surmonté d'une croix archiépiscopale. Au pied de cette flèche sont quatre petites pyramides qui, gracieuses et en parfaite harmonie, semblent vouloir se faire oublier, pour ne laisser paraître que la beauté de la grande pyramide.

L'aspect imposant de ce clocher, qui n'a peut-être pas de rival en France, agit sur les sens comme le ferait une poésie sublime, une suave mélodie.

Par le pied, il se confond avec la terre d'où il sort, et dont il affecte la pesanteur ; par sa tête, il va se mêler aux nuages, léger comme la région dans laquelle il s'élève. Allégorie sublime de la prière ! symbolique représentation de cette chaîne infrangible qui unit la terre au ciel, la créature au Créateur ! mystérieuse échelle par où, comme sur l'échelle de Jacob, les anges semblent monter et descendre ! idée sublime, inconnue des anciens, et qui ne pouvait être conçue que sous l'influence du christianisme !

Le clocher est comme le porte-voix de la création, le trait d'union entre la terre et le ciel. Arcachon avait un impérieux besoin de ce religieux emblème. Qu'est-ce, en effet, qu'un village, qu'une ville sans clocher ? Un corps sans âme.

Un clocher, c'est la vie, même dans le hameau le plus obscur ; il donne du mouvement à tout un pays, et lui fait revêtir une douce poésie. Arcachon, avec ses trois ou quatre cents riantes villas, avait sans doute des attraits avant l'existence de sa flèche incomparable ; toutefois, l'étranger qui passait trouvait un vide : il manquait un dernier coup de pinceau à ce délicieux tableau. Le clocher est debout ; l'œuvre est complète. Cette pyramide répand autour de la jeune cité, qu'elle domine, un charme tout nouveau. De loin, le visiteur l'aperçoit et la salue ; partout il la retrouve en traversant les boulevards, et cette vue réjouit le cœur.

De tous les points de la baie immense, on voit le clocher : il vous suit partout comme un guide. Intrépides marins, traversez le détroit, affrontez les dangers de l'Océan ; dans cette course périlleuse et lointaine, le clocher vous accompagnera.

De la haute mer, à dix lieues de distance, le nautonnier l'aperçoit. Veut-il gagner le port et franchir la barre redoutable? il se règle sur la flèche d'Arcachon, que la Providence a placée dans le sens de la passe, sur la ligne à suivre pour entrer dans la baie.

Dans l'épaisse forêt d'Arcachon, il est facile de s'égarer : la monotonie, l'extrême ressemblance des arbres, l'absence des routes, la multiplicité des sentiers allant et venant, se croisant dans toutes les directions, en font un dédale dans lequel les plus habitués se trompent souvent, et les étrangers sont exposés à errer durant des heures et des journées entières, sans rencontrer une habitation, ni même un homme. Pour ce labyrinthe, il fallait un conducteur. Ce guide si désiré des nombreux visiteurs d'Arcachon est enfin trouvé : c'est le clocher. — Il domine la forêt.

Les voyageurs peuvent désormais pénétrer sans crainte dans l'épaisseur des bois, errer à l'aventure ; pour se retrouver, ils n'ont qu'à gravir une colline : le clocher leur apparaîtra, leur servira de guide.

Si l'on monte au sommet de la tour, dans la galerie qui règne autour de la base de la flèche, le regard, de ce point élevé, embrasse toute la cité d'Arcachon, qui n'a pas moins de 4 kilomètres de long ; la forêt, pareille à un immense tapis de verdure éternelle ; la baie, qui se déroule en forme de croissant et ressemble à un gigantesque dragon mollement étendu sur la lisière des bois ; et, enfin, l'Océan dans tout l'appareil de sa majesté.

A ce clocher monumental, il fallait des voix dignes de lui. Comme le mot le dit, le clocher est la demeure naturelle des cloches. C'est pour elles qu'il a été construit et qu'il a pris vers les cieux un essor si élevé. Aurait-il, sans elles, sa véritable raison d'être? Ne serait-il pas comme un corps sans âme? La cloche est la vie, l'âme d'un clocher. Dans cette âme, que d'harmonies artistiques, morales, religieuses! Comme elle raconte éloquemment toutes les joies, toutes les tristesses de l'humanité!

Mais, s'il en est ainsi de la cloche prise individuellement, que n'aurions-nous pas à dire d'une sonnerie, dont les tons variés, mis en parfait accord entre eux, ressemblent au jeu de ce puissant instrument de musique qui retentit sous les voûtes de nos églises? Quels flots d'harmonie jetés à tous les vents du ciel par un carillon complet! Lui, surtout, réalise au plus haut degré cette devise de l'airain sacré :

Deum laudo,   *plebem voco,*   *defunctos ploro,*
Je loue Dieu, j'appelle le peuple, je pleure les morts,
Demones fugo,   *festa decoro.*
Je mets en fuite les démons, je suis l'ornement des fêtes.

A lui principalement le privilége de rendre fidèlement tous ces divers accents.

Le carillon, c'est l'orgue du dehors, ébranlant au loin la terre du tonnerre de ses longs mugissements; redisant la prière universelle dans le temple de l'univers; élevant jusqu'au ciel la voix du peuple et de l'humanité.

De là, l'idée d'un carillon à Arcachon. Véritable orgue aérien pourvu d'un clavier dont les touches, grâce à d'ingénieuses dispositions mécaniques, n'offrent guère plus de résistance que celles des claviers ordinaires. Ce carillon se compose de *trente-deux cloches* qui permettent de jouer tous les airs, soit religieux, soit profanes, et de transmettre au loin, dans la poétique forêt d'Arcachon, sur le tranquille Bassin, dans la forêt aux pins sonores, les chants variés de l'Église catholique.

Dans notre belle et riche Aquitaine, il n'existait point encore de sonnerie de cette nature; et Arcachon est fier d'inaugurer le régime des carillons non-seulement dans le département de la Gironde, mais encore dans tout le sud-ouest de la France. Pour obtenir ce précieux résultat, il était difficile de choisir une localité qui se trouvât dans des conditions plus heureuses qu'Arcachon.

La bénédiction des cloches a eu lieu, avec la plus grande solennité, le 7 septembre 1862, par S. Ém. le cardinal Donnet, assisté de plusieurs évêques, au milieu d'un grand concours de prêtres et de fidèles.

Ouvrage de deux artistes bordelais (MM. Deyres fils, fondeur de cloches, et Laurendeau, horloger-mécanicien des plus distingués), ce carillon, après avoir été soumis à l'examen d'une commission d'artistes musiciens, a été reconnu excellent.

Les cloches portent les noms des parrains et des marraines, avec des inscriptions qui racontent le passé, le présent et surtout l'avenir de la jeune cité.

CHAPITRE VI.

Importance et caractères distinctifs de ce pèlerinage. — Grâces générales et particulières reçues par l'entremise de N.-D. d'Arcachon.

———

Les chapitres précédents nous ont révélé la haute importance de ce pèlerinage. Dans la Gironde, il est incontestablement le premier après celui de Notre-Dame de Verdelais; en France, il a désormais sa place au milieu des principaux pèlerinages.

Plus de cent mille fidèles viennent se prosterner tous les ans aux pieds de Notre-Dame d'Arcachon, pour lui demander ses faveurs et lui témoigner leur reconnaissance.

Ce grand concours de chrétiens de tout âge, de tout sexe, de toute condition, est un signe infaillible des prodiges opérés, prodiges du corps et du temps, prodiges de l'âme et de l'éternité, prodiges des temps passés et des temps présents.

Il faudrait un gros livre pour raconter ceux qu'il nous a été donné de connaître. Combien qui sont le secret du ciel, et de ceux en faveur desquels ils ont été opérés !

Sans nous arrêter aux miracles de la fondation du pèlerinage, du naufrage des forbans, de la peste affreuse de Gujan subitement arrêtée en 1626, de la disparition extraordinaire du choléra qui décimait la population de La Teste en 1849,

Voyons comme le sanctuaire de la Vierge est tapissé de prodiges. Que d'*ex-voto* sur les murs, aux lambris, aux autels ! Ici, des convalescents déposent des tableaux en mémoire de leur guérison inattendue ; là, des paralytiques appendent avec joie, dans la chapelle, des béquilles comme autant de trophées de la puissance de Marie.

Le plus grand nombre d'*ex-voto*, les tableaux, les petits navires, les débris de cordages et de voiles, un baril, des cœurs d'or et d'argent qui couvrent en foule la statue des prodiges, révèlent au plus haut degré les deux caractères principaux de ce pèlerinage : dès le seuil de la porte, on reconnaît que Notre-Dame d'Arcachon *est surtout la patronne des marins et des enfants*.

Patronne des marins et des enfants, priez pour nous! Telle est l'invocation spéciale à Notre-Dame d'Arcachon. Grâce à elle, que de naufrages évités ! que d'enfants guéris ! Pour nous renfermer dans les étroites limites de cet opuscule, nous ne citerons que deux faits en rapport avec le double caractère de ce pèlerinage.

1° Le 8 août 1856, la chaloupe *l'Hirondelle*, montée par le capitaine Testac, de La Teste, trois matelots et un mousse, faisant la pêche au thon, dans le golfe de Gascogne, entre le Bassin d'Arcachon et l'embouchure de la Gironde, est assaillie par une horrible tempête. Vingt-sept heures elle lutta contre le terrible élément ; chaque coup de mer semblait apporter la mort. Pour comble de malheur, tout à coup on reconnaît que, poussée par les vents, elle va être jetée sur des récifs. Il faut virer de bord, mais les vents sont impétueux. « Mes enfants, dit aussitôt le capitaine, il faut prier Dieu. — Nous allons donc mourir? s'écrie le mousse en pleurant. — Espérons que non ; mais, dans le péril, j'ai toujours eu recours à Notre-Dame d'Arcachon. J'ai fait six naufrages ; six fois je l'ai invoquée, et je suis sauvé. — Vous avez raison, capitaine, répond le matelot Bernadet, un des braves de Bomarsund, mettons-nous sous la protection de notre bonne Vierge, nous ne périrons pas ; j'ai confiance. Ma femme aussi, en voyant la tempête, prie, j'en suis sûr. »

L'équipage adresse son vœu à l'Étoile des mers. Tout à coup le vent mollit, on vire de bord, la tempête cesse, et le navire entre au port.

Le vendredi 24 août était le jour fixé pour l'accomplissement du vœu. La chaloupe part de La Teste, montée par son équipage, vêtu comme il l'était au milieu de l'Océan. Au moment où elle jette l'ancre en face de la chapelle, sa misaine, la voile du salut (tout le reste avait été déchiré), est mise en pièces par la brise du Bassin. A cette vue, tout l'équipage fond en larmes, croyant trouver dans ce fait la preuve qu'il n'avait dû la vie qu'à la bonne Vierge d'Arcachon, et il proclame le miracle en présence de la foule attendrie.

Le clergé d'Arcachon l'attendait au pied de la croix monumentale plantée sur le bord de l'eau. La procession se met en marche au milieu des flots pressés des fidèles. Les cinq marins suivaient nu-pieds, tenant un cierge à la main et profondément recueillis ; l'émotion était vive et générale ; les pleurs coulaient de tous les yeux. Pendant la messe, les litanies de la Vierge et l'*Ave maris Stella* furent chantés en chœur. Après la cérémonie, le clergé se rendit à bord de la chaloupe et la bénit solennellement.

A la sortie de la chapelle, toutes les personnes qui avaient assisté à cette belle fête d'actions de grâces entouraient les marins, les interrogeaient dans les moindres détails de cet événement, et publiaient le miracle.

2° Depuis quatre ans surtout, ce pèlerinage a pris son second caractère, et Notre-Dame d'Arcachon a voulu être la patronne des enfants. Que de grâces reçues ! que de guérisons miraculeuses !

Elles sont devenues si nombreuses et si publiques, que dans toute la contrée, si un enfant tombe sérieusement malade et déconcerte les hommes de l'art, aussitôt sa famille le place sous le patronage de Notre-Dame d'Arcachon.

Prodige admirable et souvent renouvelé ! l'enfant est guéri contre l'attente des médecins, et à la gloire de la céleste Marie.

La multiplicité de ces guérisons inattendues, leur notoriété, les instances réitérées des familles, ont dû nous déterminer à faire un recueil spécial de ces faveurs signalées, que nous livrerons à la piété des fidèles avec la maturité qui doit présider à un travail de cette nature.

Sur trois guérisons extraordinaires qui ont eu lieu successivement, il y a peu de temps, dans une seule famille qui est celle de Lolon, maître charpentier à Arcachon. nous citerons la plus ancienne (1855).

Marthe Lolon, enfant de deux ans, phthisique, n'était plus qu'un squelette devenu transparent par l'intensité et la durée du mal. Voyant leurs efforts inutiles, les deux médecins qui la soignaient l'abandonnent en déclarant que Dieu seul est capable de la guérir.

Sa mère désolée a recours à Notre-Dame d'Arcachon.

Les prières étaient à peine achevées, lorsque l'enfant, qui agonisait depuis deux jours, se trouva guérie presque subitement. Peu de jours après, un de ses médecins, qui la croyait morte, étonné de cette soudaine guérison, surnommait cette enfant l'enfant du miracle. C'est de ce nom qu'il l'appelle chaque fois qu'il la voit.

Notre tâche est finie. Puisse ce pèlerinage quatre fois séculaire, et aujourd'hui si prospère, devenir de plus en plus florissant! Puisse le culte de Marie au dix-neuvième siècle éclipser la gloire de tous les autres siècles!

Tels sont les vœux par lesquels nous sommes heureux de terminer ce travail.

FIN